思考力・記述力を鍛える

中学生
歴史出来事
問題集

鳥の目・虫の目で歴史を捉えよう

中邨　瑛 [著]

はじめに

歴史の勉強法について

　歴史の勉強をするとき、特に事件や出来事を勉強するときには、

　　①その事件や出来事がいつおこったのか

　　②その事件や出来事がどこでおこったのか

　　③その事件や出来事の登場人物はだれなのか

　　④その事件や出来事の原因は何なのか

　　⑤その事件や出来事の結果どうなったのか

というように、**「いつ」「どこ」「だれ」「なぜ」「どう」** を意識して勉強することが大切です。

　例えば、関ヶ原の戦いならば、

　　①関ヶ原の戦いはいつ（何年？何時代？）おこったのか

　　②関ヶ原の戦いはどこでおこったのか

　　③関ヶ原の戦いの登場人物はだれか

　　④関ヶ原の戦いはなぜおこったのか

　　⑤関ヶ原の戦いの結果、どうなったのか

というように、**「いつ」「どこ」「だれ」「なぜ」「どう」** の５つのポイントをおさえて勉強することが大切です。

本書は、高校入試に頻出する事件・出来事を精選し、その事件・出来事の「**いつ**」「**どこ**」「**だれ**」「**なぜ**」「**どう**」を攻略し、記述問題に強くなるための問題集です。

　問題集ではありますが、単に問題を解いて（表をうめて）、丸付けをして覚えるという使い方ではなく、できれば教科書や参考書、用語集や歴史マンガを読んで、一つひとつの事件・出来事を自分でまとめていくという作業をしてください。そのような作業をすることによって効果的に最近の入試で問われる思考力や記述力が鍛えられるからです。

　本書に載せられなかった出来事・事件を学習するときや、高校で日本史や世界史を学習するときなども同様です。最初はうまくまとめられないかもしれませんが、コツコツと続けてみてください。そうすると、記述力だけでなく、思考力や判断力、主体性も身につきます。単に授業を聞いて、板書して、覚えろと言われたことを覚える、やれと言われたことをやるだけの、受身的な勉強をしてきた周りの生徒たちよりも、遥かに成長できます。

　能動的な学習ができる自立・自律した人間こそが、これからの社会で必要とされます。単に受験のためだけに受身的に勉強をしてきた人間では、これからの激動の社会を生き抜くことは困難になってきます。本書を使って、あなたが将来、社会で活躍できる本物の学力を身につけてくださることを願っています。

本書の効果的な使い方

　中学入試・高校入試・大学入試が**「学力の3要素」**を多面的・総合的に評価するものへと変化してきました。**「学力の3要素」**とは、**「知識・技能」「課題を解決するための思考力・判断力・表現力」「主体的に学習に取り組む態度」**のことです。従来の入試は、「知識・技能」が重視されてきた側面があり、多面的・総合的な評価になっていないことが指摘され続けてきました。

　歴史の勉強というと、どうしても暗記中心のイメージを持っている方が多いと思います。確かに、従来の入試であれば、暗記中心の学習で乗り切ることができました。しかし、近年の入試は暗記中心の学習のみで乗り切ることはできなくなってきました。歴史の勉強を通して獲得した知識は、大人になってからそれほど使わないものがほとんどです。歴史の勉強を通して、「知識」だけでなく、「思考力・判断力・表現力」や「主体性」をトレーニングすることこそ、これからの社会を生きていくうえで必要なことだと言えます。

　本書を通して「知識」だけでなく、「思考力・判断力・表現力」や「主体性」を効果的に鍛えていってほしいと願っています。そこで、ぜひ、「自分で調べる」「自分でまとめる」という作業をめんどうがらずにおこなってみましょう。勉強というと、どうしても誰かに教えてもらうものというイメージを持っている人も多いと思います。しかし、それだけでは「思考力・判断力・表現力」や「主体性」は身につきません。

　最近は教育のコンテンツが充実しています。書店に行けば参考書や問題集が充実しています。youtube などでクオリティの高い動画授業を見ることができます。入試に必要な知識や情報、教科書

に載っている知識や情報などは、わざわざ塾や予備校に行かなくても、自分で学べば簡単に身につけることができます。変化が激しく先行きが不透明な激動の時代を生きていくためには、主体的に必要な知識やスキルを自分で学び、そして自分のものにするという独学のノウハウが必要となってきます。社会がどのように変化したとしても、社会がどのような人材を必要としたとしても、独学の勉強法や学力の3要素を身につけている者は、どんな社会や変化にも適応していけます。そのためにと書いたのが本書です。

　但し、本書の解答が唯一絶対のものだというわけではありません。本書の解答はあくまでもオーソドックスな解答の一つだと考えてください。あなたが自分なりに考えてまとめた解答のほうがきっと立派でしょうし、自分で考えることで力がつくはずです。

もくじ

鳥の目──各時代の特徴を学ぶ

　歴史の勉強で大切なことは、**「鳥の目」**と**「虫の目」**を持つことです。

　「鳥の目」とは、**「高いところから全体像を把握する」**ということです。鳥になり、高い位置から下を見て、全体像を把握することからはじめましょう。いきなり細かいところまで勉強すると、覚えなければならない量に圧倒され、挫折してしまったり、先に進めなかったりすることになるのです。

鳥の目で大まかなことを見てから、虫の目で細かいことを見ていきましょう。

　まずは、縄文時代から昭和時代まで順に言えるようにしましょう。「縄文、弥生、古墳、飛鳥、奈良、平安、鎌倉、室町、安土桃山、江戸、明治、大正、昭和」の頭文字をとって「じゃこあなへかむあえめたし」とでも覚えておいてください。

　縄文時代から昭和時代まで順にいえるようになったら、その時代がいつから始まるのかを覚えましょう。次に、各時代がどんな時代なのかを自分でまとめてみましょう。おおまかに時代の特徴と流れ、各時代の人物や出来事を把握することが、歴史を得意になるための近道です。

　そこで、次のページの表をうめるという作業をしてみてください。歴史の勉強における、「鳥の目」とは、各時代の特徴を自分で説明でき、各時代にどのような人物がいて、どのような出来事がおこったのか、ということを把握することです。つまり、各時代とその時代の人物や出来事・重要語句をピックアップする作業こそが、「鳥の目」を身につけることなのです。それぞれの人物がやったことや、それぞれの出来事の細かい内容は後回しです。そのようなことは、「虫の目」で勉強することだからです。

　急がば回れです。まずは、10-13頁の表と格闘してみてください。ノート等にこの表を作ってやってみても構い

ません。それでは、始めてください。

　さて、各時代にどんな人物・出来事・歴史用語を思い浮かべることができましたか。「鳥の目」で「高いところから全体像を把握する」ことが大切なので、時代をまたぐ人物や用語など、細かいことは気にする必要はありません。大まかに「いつ」おこった出来事なのか、「いつ」活躍した人物なのかを覚えてから、「虫の目」で細かいことを覚えていけばいいのです。「大化の改新」とはどんな出来事（＝細かいこと）かを覚えていく前に、まずは、「645年＝飛鳥時代」におこった出来事である、ということを覚えることが重要です。「平清盛が行ったこと（＝細かいこと）」を覚えていく前に、まずは、平清盛が「平安時代」に活躍した人物であるということを覚えることが重要です。学校の定期テストでは範囲がそれほど広くないので、「いつ＝時代」を問う問題はそれほど多くありませんが、出題範囲が広い模擬テストや実力テスト、入試問題では「いつ＝時代」を問う問題が頻出です。
　まずは、出来事がおこった時代や人物が活躍した時代を覚えることから始めましょう。
では軽い気持ちで確認テストをやってみましょう

①法隆寺ができたのは（　　　　）時代。	②万葉集ができたのは（　　　　）時代。
③古今和歌集ができたのは（　　　　）時代。	④新古今和歌集ができたのは（　　　　）時代。
⑤壬申の乱が起こったのは（　　　　）時代。	⑥保元の乱が起こったのは（　　　　）時代。
⑦承久の乱が起こったのは（　　　　）時代。	⑧応仁の乱が起こったのは（　　　　）時代。
⑨天武天皇が活躍したのは（　　　　）時代。	⑩聖武天皇が活躍したのは（　　　　）時代。
⑪後鳥羽上皇が活躍したのは（　　　　）時代。	⑫後醍醐天皇が活躍したのは（　　　　）時代。

解答：①飛鳥、②奈良、③平安、④鎌倉、⑤飛鳥、⑥平安、⑦鎌倉、⑧室町、⑨飛鳥、⑩奈良、⑪鎌倉、⑫鎌倉・南北朝

どんな時代か
旧石器時代
縄文時代（約1万年前〜）
弥生時代（紀元前3世紀〜）
古墳時代（紀元後3世紀〜）
飛鳥時代（593年〜）
奈良時代（710年〜）
平安時代（794年〜）
鎌倉時代（1192年〜）

人物・出来事・重要語句

どんな時代か
南北朝時代（1336年〜）
室町時代（1338年〜）
安土桃山時代（1573年〜）
江戸時代（1603年〜）
明治時代（1868年〜）
大正時代（1912年〜）
昭和時代（1926年〜）

人物・出来事・重要語句

どんな時代か

旧石器時代
　①打製石器を使い、狩り・採集を行っていた時代
　②人類が「猿人→原人→旧人→新人」へと進化していった時代

縄文時代 (約1万年前〜)
　打製石器・磨製石器・縄文土器を使い、狩り・採集を行っていた時代
　※今から約1万年前＝氷河時代が終わり地球が温暖化した

弥生時代 (紀元前3世紀〜)
　稲作・金属器・弥生土器が大陸から伝わり、国や王が誕生した時代

古墳時代 (紀元後3世紀〜)
　大和政権の王である大王が各地の豪族を従えていた時代
　大王が日本を一つに統一した (各地の国を一つにまとめた)

飛鳥時代 (593年〜)
　聖徳太子、天智天皇、天武天皇が天皇中心の国づくりを目指した時代

奈良時代 (710年〜)
　天皇中心の国 (律令国家・中央集権国家) が崩壊していった時代

平安時代 (794年〜)
　都　：桓武天皇の政治 → 藤原氏の政治 → 白河上皇の政治 → 平清盛の政治
　地方：国司の横暴 → 農民が武器を持って戦う → 源氏や平氏などの武士団の誕生

鎌倉時代 (1192年〜)
　天皇から武士へと政権が変わった時代 (古代→中世)
　源頼朝の政治 → 北条義時 (2代目執権) のとき承久の乱 → 北条時宗 (8代目執権) のとき元寇 → 滅亡

人物・出来事・重要語句
打製石器、猿人、原人、新人、岩宿遺跡
土偶、竪穴住居、貝塚、縄文土器、打製石器、磨製石器、三内丸山遺跡
漢委奴国王、卑弥呼、高床倉庫、邪馬台国、吉野ヶ里遺跡
大王、古墳、埴輪、渡来人 (仏教、儒教、漢字、須恵器)
蘇我馬子、聖徳太子、推古天皇、小野妹子、中大兄皇子 (のち天智天皇)、中臣鎌足 (のち藤原鎌足)、天武天皇 (大海人皇子)、十七条憲法、冠位十二階、法隆寺、遣隋使、大化の改新、白村江の戦い、壬申の乱、大宝律令
聖武天皇、行基、鑑真、墾田永年私財法、天平文化
桓武天皇、坂上田村麻呂、菅原道真、藤原道長、白河上皇、平清盛、平将門、藤原純友、最澄、空海、紀貫之、紫式部、清少納言、源義経、国風文化、摂関政治、院政、日宋貿易、保元の乱、平治の乱、壇ノ浦の戦い
源頼朝、北条政子、後鳥羽上皇、北条泰時、北条時宗、運慶、快慶、法然、親鸞、一遍、日蓮、栄西、道元、楠木正成、新田義貞、吉田兼好、守護・地頭、御恩・奉公、承久の乱、御成敗式目、元寇 (文永の役・弘安の役)

どんな時代か

南北朝時代 (1336年〜)

後醍醐天皇の建武の新政が武家中心の政治であったため、足利尊氏が後醍醐天皇を攻めたことから始まる。
後醍醐天皇が奈良 (吉野) に朝廷 (南朝)。足利尊氏が京都 (北朝) に光明天皇を建てる。

室町時代 (1338年〜)

4代将軍以降、幕府の信頼はなくなっていき、戦国時代とよばれる戦乱の世になっていった時代

安土桃山時代 (1573年〜)

信長・秀吉が全国統一を目指した時代

江戸時代 (1603年〜)

基礎を確立 → 財政難 → 改革をするが好転せず → 開国させられ崩壊

明治時代 (1868年〜)

明治維新 (武家政権の終わり) → 藩閥政治への不満 → 近代国家の成立 → 日清戦争・日露戦争

大正時代 (1912年〜)

世界では第一次世界大戦おこり、国内では大正デモクラシーの風潮が高まった時代

昭和時代 (1926年〜)

世界恐慌による不景気から抜け出すために、中国と戦争。そのまま太平洋戦争に突入していった時代。

人物・出来事・重要語句
後醍醐天皇、足利尊氏、足利義満、建武の新政
後醍醐天皇、足利尊氏、足利義満、足利義政、観阿弥、世阿弥、雪舟、応仁の乱、桶狭間の戦い、正長の土一揆、加賀の一向一揆、山城国一揆
織田信長、明智光秀、豊臣秀吉、石田三成、千利休、阿国、長篠の戦い、本能寺の変、兵農分離、楽市楽座
徳川家康、徳川家光、徳川綱吉、徳川吉宗、田沼意次、松平定信、大塩平八郎、水野忠邦、ペリー、井伊直弼、吉田松陰、坂本龍馬、徳川慶喜、大阪の陣、武家諸法度、島原・天草一揆、鎖国、生類憐みの令、享保の改革、寛政の改革、天保の改革、日米和親条約、日米修好通商条約、薩長同盟、大政奉還
西郷隆盛、大久保利通、木戸孝允、岩倉具視、板垣退助、大隈重信、伊藤博文、廃藩置県、版籍奉還、地租改正、西南戦争、自由民権運動、日清戦争、三国干渉、日英同盟、日露戦争、韓国併合、辛亥革命
原敬、加藤高明、吉野作造、桂太郎、平塚らいてう、芥川龍之介、第一次世界大戦、ロシア革命、米騒動、関東大震災、二十一か条の要求、ベルサイユ条約
犬養毅、東条英機、吉田茂、佐藤栄作、世界恐慌、満州事変、五・一五事件、二、二六事件、日中戦争、第二次世界大戦、朝鮮戦争

虫の目──出来事・事件を学ぶ

　では、いよいよ、出来事・事件の勉強を始めましょう。

　最近は記述形式の入試問題が増えてきました。社会科の記述の対策は、普段から自分で社会用語を説明するという練習をしておくことが効果的です。歴史の事件や出来事を勉強するときには、右のような表を活用するといいと思います。思考力や記述力、主体性を鍛えるために、自分なりに用語集や参考書を調べて、この表を完成させていくという使い方をしていただきたいと思います。特に、なぜ＝原因や背景、どう＝結果や影響というのは、人によってまとめ方が異なります。それでかまいません。それこそが、歴史の面白さです。歴史のおもしろさを感じるためにも、自分で調べて自分でまとめるという作業をおこなってください。

　前にも書いたように、14-17頁はあくまでもオーソドックスな解答の一つです。調べることによってこの解答例よりもすばらしい内容が書き込まれることを期待しています。

出来事・事件名

なに

出来事・事件名を要約しましょう。参考書や用語集、歴史マンガやネットやユーチューブなどで調べてもかまいません。字数やまとめ方に細かいルールは存在しません。自分が納得できる解答を作ってください。

いつ	どこ	だれ
出来事・事件がいつおこったのかを記入します。年号だけでなく、時代を記入してもOKです。	出来事・事件がおこった場所を記入します。	登場人物や関連人物を記入します。学校の授業では学習しない人物などを記入してもOKです。

なぜ

その出来事・事件の原因や背景を記入します。字数やまとめ方に細かいルールは存在しません。自分が納得できる解答を作ってください。私が作成した解答が唯一の解答というわけではありません。ですので、解答を見て覚えて書き写すということはやめてください。自分なりに解答を作ろうとしない限り、思考力・判断力・表現力、主体性は身につきません。

どう

その出来事・事件の結果や影響を記入します。直接の因果関係がなくても、その出来事の後に起こった出来事を記入したりしてもかまいません。

表の下のスペースに補足の説明や関連語句などを記入しておくと効果的です。

大化の改新

なに

いつ	どこ	だれ

なぜ

どう

大化の改新

なに

中大兄皇子（のちの天智天皇）や中臣鎌足らが、朝廷で権力をふるっていた蘇我氏を倒してはじめた政治改革。

いつ	どこ	だれ
645年	飛鳥（奈良県）	中大兄皇子、中臣鎌足、蘇我氏（蘇我蝦夷、蘇我入鹿）

なぜ

聖徳太子の死後、蘇我氏（蘇我蝦夷・蘇我入鹿）が独裁的な政治を進めていた。蘇我蝦夷は天皇気取りで、息子の入鹿も横暴のかぎりをつくしていた。中大兄皇子は対等な外交をするために天皇中心の中央集権国家の成立を目指していたため、蘇我氏をたおし、政治の改革をしようと考え、蘇我氏を倒した。

どう

中大兄皇子はまず、土地と人民を天皇のものとする公地公民などの政策を進めた。645年、日本で初めて「大化」という年号（元号）が使われた。

白村江の戦い

なに

いつ	どこ	だれ

なぜ

どう

白村江の戦い		
なに 日本・百済と新羅・唐の戦い。		
いつ 663年	どこ 朝鮮半島南部の白村江	だれ 日本・百済VS新羅・唐
なぜ 唐・新羅からせめられている百済を助けるために中大兄皇子は大軍を朝鮮半島に派遣。		
どう 新羅・唐の連合軍の勝利。新羅が朝鮮半島を統一。中大兄皇子は都を内陸部の近江に移した。 唐・新羅の攻撃に備えて、大宰府を守るために大野城などの城や水城を築いた。		

※水城…唐と新羅の攻撃に備えて、高さ約14mくらいの土を盛り上げて築いた土塁。

壬申の乱

なに

いつ	どこ	だれ

なぜ

どう

壬申の乱		
なに 天智天皇の後継ぎ争い。		
いつ 672年	どこ 大海人皇子は奈良県・三重県・岐阜県・滋賀県・大阪府を通った	だれ 大海人皇子（のちの天武天皇）、大友皇子
なぜ 天智天皇の死後、弟の大海人皇子（即位して天武天皇となる）と息子の大友皇子が争う。天智天皇が、自分の後を弟に継がせるか、息子に継がせるかをはっきりと決断できなかった。		
どう 大海人皇子が勝利し、即位して天武天皇となった。天武天皇は律令を整え、天皇中心の政治を強化した。天武天皇の死後、大宝律令が完成し、全国を支配する仕組みが細かく定められた。		

※天智天皇は息子の大友皇子を天皇にしたかったようだが、大友皇子の母は身分が低いため、簡単には天皇になれないと考えていた。大海人皇子の出家して皇位継承の権利を捨てたが、大友皇子軍が追ってくるといううわさを聞き、戦となった。

平安京遷都		
なに		
いつ	どこ	だれ
なぜ		
どう		

平安京遷都

なに

794年に桓武天皇が平安京に都をうつした。

いつ	どこ	だれ
794年	京都	桓武天皇

なぜ

奈良時代、聖武天皇のもとで仏教は栄えたが、僧の力が強くなりすぎ、道鏡のように天皇の位をねらう僧まであらわれた。そこで桓武天皇は、奈良の仏教勢力を断ち、奈良時代の終わりに乱れてきた律令政治を再建するために、新しい都をつくり、新しい政治を始めた。

どう

桓武天皇は平安京へ遷都後、坂上田村麻呂を征夷大将軍に任じ、朝廷に抵抗していた東北の蝦夷を平定させた（口分田が不足してきたから）り、政治の弊害となっていた古い仏教を排除し、最澄に新仏教を興させるなどの政治改革をおこなった。

※桓武天皇は怨霊をしずめるために、四方を山や川などに囲まれた京都の地を選んだ。

平将門の乱

なに

いつ	どこ	だれ

なぜ

どう

平将門の乱		

なに

935年〜939年、関東で、平将門が起こした反乱。935年に平国香（将門のおじ）と、936年に平貞盛（国香の息子）、平良兼と938年に源経基と939年に藤原維幾と戦う。

いつ	どこ	だれ
935〜939年	関東	平将門、平国香、平貞盛、藤原維幾

なぜ

935年の戦いの原因：平国香が、平将門の土地を奪おうとした。将門の父良将の死後、親族同士の領地をめぐる争いがおこった。将門は桓武天皇の血筋をひいていたが、出世の見込みはなかった。939年の戦いの原因：藤原玄明という犯罪者をかくまったため、関東の国司（藤原維幾）と戦うことになった（という説が有名）。

どう

地方の武士が成長し、朝廷の軍事組織（国司の軍）では地方の武士の争いをしずめることができなくなってきた。朝廷や藤原氏は武士団（源氏や平氏）を頼って地方の反乱を鎮圧するようになった。武士の地位が高まっていくことになる。939年、関東の国司を倒し（＝朝廷に対する反逆）、関東を平定し、自ら新皇と名のり（自称）新しい国を建国する（関東の独立を宣言、朝廷は黙っているわけにはいかない）。平貞盛・藤原秀郷の襲撃により、命を落とした。

藤原純友の乱

なに

いつ

どこ

だれ

なぜ

どう

藤原純友の乱		

なに

伊予（愛媛県）の国司であった藤原純友が、瀬戸内海で海賊を率いておこした乱。伊予の国府や大宰府を攻め落としたが、朝廷から派遣された小野好古、源経基らによって、討たれた。

いつ	どこ	だれ
939年	瀬戸内海	藤原純友

なぜ

藤原純友は国司の任期がきれて、都に帰らなければならなくなったが、都に帰ってもいい地位につけず、活躍の場がないため、瀬戸内海の海賊をひきつれて都へ攻め上ろうと考えた。

どう

平将門の乱・藤原純友の乱が起こったことにより、朝廷は軍事力を強化していくことになる。源氏と平氏は官位を与えられ天皇のそばで勢力を強める。この後、乱をおこすのもしずめるのも武士が主役となっていった。

保元の乱

なに

いつ | どこ | だれ

なぜ

どう

保元の乱

なに

崇徳上皇と後白河天皇の対立。平清盛や源義朝が味方した天皇側が勝利。

いつ	どこ	だれ
1156年（保元元年）	京都（平安京）	崇徳上皇vs後白河天皇、平清盛、源義朝

なぜ

鳥羽上皇の死後、息子の崇徳上皇と後白河天皇（崇徳上皇の兄）が皇位をめぐり対立。

どう

平清盛と源義朝（源頼朝の父）が味方した後白河天皇方が勝利。院政の混乱や武士の進出を象徴しており、この乱以後、武士の世となっていく。平清盛が勢力を拡大する。

平治の乱		
なに		
いつ	**どこ**	**だれ**
なぜ		
どう		

34

平治の乱		
なに 平清盛と源義朝が対立。平清盛が勝利。		
いつ 1159年（平治2年）	**どこ** 京都	**だれ** 平清盛、源義朝
なぜ 保元の乱の後、平清盛は源義朝よりも多くの褒賞を与えられた。義朝は気に入らなかった。		
どう 平清盛の地位と権力が高まる（1167年清盛は太政大臣となる）。義朝は殺され、義朝の子の頼朝も伊豆に流され、源氏は一時衰退する。		

壇ノ浦の戦い

なに

いつ

どこ

だれ

なぜ

どう

壇ノ浦の戦い		

なに

源氏が平氏をほろぼした戦い。（源氏と平氏の最後の戦い）

いつ	どこ	だれ
1185年	壇ノ浦（山口県下関市）	源義経（源頼朝の弟）

なぜ

壇ノ浦の戦いなどの源平合戦の原因は、後白河法王（ごしらかわほうおう）の皇子の以仁王（もちひとおう）が平清盛のわがままを見て、平家打倒の命令書を全国に出したから。源義経の活躍で一ノ谷の戦い（兵庫県）、屋島の戦い（香川県）で源氏は勝利し、平氏は壇ノ浦（山口県）に集結した。

どう

①平氏は幼い安徳天皇を奉じて戦ったが、源頼朝の命令を受けた源義経らによってほろぼされた。　　②源頼朝は弟の義経を討つ（ために守護・地頭を設置）。

承久の乱

なに

いつ	どこ	だれ

なぜ

どう

承久の乱

なに

後鳥羽上皇が鎌倉幕府を倒そうとしておこした反乱。幕府側が勝利した。

いつ	どこ	だれ
1221年、鎌倉幕府2代目執権 北条義時（政子の弟）のとき	鎌倉の幕府軍は東海道を京都まで進む。	鎌倉幕府（北条義時・北条政子）VS朝廷（後鳥羽上皇）

なぜ

頼朝の死後、子の頼家（第2代将軍）と実朝（第3代将軍）が暗殺され、源氏の血筋が絶えたのをみて、後鳥羽上皇が朝廷の権力を復活させるために、鎌倉幕府を滅ぼすチャンスと考えたから。

どう

後鳥羽上皇が倒幕の兵を挙げたが失敗。後鳥羽上皇を隠岐（島根県）に流し、上皇についた御家人を死罪にした。幕府が朝廷よりも強いことを証明＝幕府が日本中を支配。北条に不満を持つ武士に西国の土地を与えた＝北条の執権政治が強まる。朝廷を監視するため京都に六波羅探題を設置。

建武の新政

なに

いつ	どこ	だれ

なぜ

どう

建武の新政		
なに 後醍醐天皇が行った天皇中心の政治。年号を建武と改め、新しい政治を行った。		
いつ 1334〜1336年	**どこ** 足利尊氏に攻められ、後醍醐天皇は京都から吉野に逃れる。	**だれ** 後醍醐天皇
なぜ 後醍醐天皇らが鎌倉幕府を滅ぼしたから。		
どう 天皇中心（公家中心）の政治であったため、武士の不満をかい、2年あまりで失敗に終わった。その後、足利尊氏と対立し、後醍醐天皇は吉野（奈良県）に逃れ、南北朝時代が始まる。		

応仁の乱

なに

いつ

どこ

だれ

なぜ

どう

応仁の乱		
なに		
室町幕府8代将軍足利義政の後継ぎをめぐって、義政の弟の足利義視と義政の子の足利義尚が争い、そこに細川勝元と山名持豊（山名宗全）が介入して起こった対立。京都を中心に11年にわたって続いた。		
いつ	**どこ**	**だれ**
1467（応仁元年）～1477年	京都	東軍（細川勝元・足利義視）VS西軍（山名持豊・足利義尚・日野富子）
なぜ		
足利義政には実子がなく、弟の足利義視を後継ぎに決めた→翌年、義政と妻の日野富子の間に子（足利義尚）が生まれる→富子が義尚を将軍に立てようとしたため、義視と義尚が対立→富子・義尚は山名氏を頼る（山名氏と細川氏は権力争いをしている） →義視は細川氏を頼る		
どう		
①勝敗ははっきりしないまま細川勝元・山名持豊の病死によって乱は終わった。②室町幕府の権威は失墜した。③戦国時代の幕開けとなる。		

正長の土一揆

なに

いつ	どこ	だれ

なぜ

どう

正長の土一揆

なに

近江の馬借の暴動・反乱をきっかけに近畿一帯に広まった土一揆。酒屋・土倉などを襲って徳政令を要求した。

いつ	どこ	だれ
1428年(正長元年)	近江(滋賀県)	馬借

なぜ

守護大名の争いや流行病、米の不作、物の値段の上昇などで世の中の状況は不安定であった。そのため、農民たちが幕府に借金帳消しの徳政令を要求し、土倉や酒屋をおそった。

どう

日本で最初の農民の一揆という位置づけである。この後幕府の支配力が弱まり、さまざまな一揆がおこるようになる。戦国時代へと向かっていく。なお、近世の農民の一揆は百姓一揆と呼ぶ。

※室町時代の一揆は、土を耕す農民が主な力になっていたため、土一揆と呼ばれる。

山城国一揆

なに

いつ	どこ	だれ

なぜ

どう

山城国一揆

なに

山城（京都府）の国では守護大名の畠山氏が2つに分かれて合戦をくり返していた。田畑や家を焼かれて困った農民は国人とよばれる武士と協力して一揆をおこし、畠山の両軍を国外に追い払った。

いつ	どこ	だれ
1485年	山城（京都府）	畠山政長,畠山義就

なぜ

応仁の乱の後、守護大名の畠山家では、畠山政長と義就の家督争いが続いていた。戦乱の被害にたえかねた国人である武士と農民が協力し、強い態度で両軍に退陣を要求し実現した。

どう

畠山両軍を追いはらい、8年間にわたって国人・農民による自治が行われた。

加賀の一向一揆

なに

いつ	どこ	だれ

なぜ

どう

加賀の一向一揆

なに

一向宗とは、浄土真宗のことである。蓮如（れんにょ）が北陸地方に教えを広めて以来、農民たちに広く信仰された。加賀（石川県）の一向宗は、教団を弾圧する守護大名の富樫政親（とがしまさちか）を殺害し、一向宗による話合いでの国の支配が実現した。

いつ	どこ	だれ
1488年	加賀（石川県）	富樫政親

なぜ

守護大名の富樫氏が一向宗を弾圧するようになったから、一揆軍が富樫政親を倒した。

どう

一揆の後、約1世紀の間、加賀では、一向宗による自治が行われた。これ以後も、一向宗を信じる農民たちが、税金の免除や安くさせる要求を通すために、武器を持って一向一揆をおこし、戦国大名を苦しめた。

桶狭間の戦い

なに

いつ	どこ	だれ

なぜ

どう

桶狭間の戦い		
なに		
尾張（愛知県）の織田信長が駿河（静岡県）の今川義元をやぶった戦い。		
いつ	**どこ**	**だれ**
1560年	尾張の桶狭間	織田信長、今川義元
なぜ		
織田信長が織田家を継いで間もないころ、かねてから国境争いをしていた今川義元の軍勢が織田領である、尾張へ侵攻してきた。		
どう		
今川義元の油断をついて、奇襲攻撃を成功させて、織田信長が勝利した。信長の名は天下にとどろいた。今川家は衰退していく。		

長篠の戦い

なに

いつ	どこ	だれ

なぜ

どう

長篠の戦い		
なに 織田信長と徳川家康の連合軍が三河（愛知県）の長篠で甲斐（山梨県）の武田勝頼の軍をやぶった戦い。		

いつ	どこ	だれ
1575年	三河の長篠	織田信長、武田勝頼

なぜ
武田勝頼が京都に行くには、まず家康をたおす（家康の長篠城をうばう）必要があった。

どう
信長の鉄砲隊が戦国最強とうたわれた武田の騎馬軍団をやぶった。武田軍は優秀な武将を多く失い、以後、衰退の一途をたどる。一方、信長は天下統一に大きく近づく。刀ややり、弓で戦う合戦よりも鉄砲による合戦は、短時間で決着がつきやすく、戦国の世を早く終わらせるきっかけとなる。

本能寺の変

なに

いつ | どこ | だれ

なぜ

どう

本能寺の変

なに

織田信長が本能寺で、家臣の明智光秀に襲われて自害した事件。

いつ	どこ	だれ
1582年	京都の本能寺	織田信長、明智光秀

なぜ

なぜおきたのかは……謎。

どう

明智光秀はすぐに豊臣秀吉によって倒され、信長の死後の後継者は豊臣秀吉となった。

関ヶ原の戦い

なに

いつ	どこ	だれ

なぜ

どう

関ヶ原の戦い		
なに		
徳川家康を中心とする東軍と、石田三成を中心とする西軍の戦い。東軍が勝利する。		
いつ	どこ	だれ
1600年	関ヶ原（岐阜県）	徳川家康、石田三成

なぜ

豊臣秀吉の死後の政権争い。石田三成は豊臣政権の繁栄（秀吉の子の秀頼が政権を継ぐこと）を願ったが、徳川家康は自分が政治の実権をにぎりたかった。

どう

徳川の政権が確立する。1603年に征夷大将軍に任命されて江戸に幕府を開く。石田三成は敗れて処刑された。石田三成に味方した大名は領地を取り上げられたり、縮小されたりした。徳川家康に味方した大名は領地が増えた。関ヶ原の戦い以後、徳川氏に従った外様大名は、要職に就けず、江戸から遠い東北や九州などに配置された。

大阪の陣

なに

いつ | どこ | だれ

なぜ

どう

大阪の陣		
なに 徳川家康が豊臣氏をほろぼした戦い。1614年と1615年の2度にわたって攻め、豊臣秀頼と秀頼の母の淀を自害に追い込んだ。		
いつ 1614年　大阪冬の陣 1615年　大阪夏の陣	**どこ** 大阪城	**だれ** 徳川家康、豊臣秀頼、淀、真田幸村、千姫
なぜ 秀吉が創建、地震で焼亡後、秀頼が再建した方広寺という寺のつりがねに「国家安康」などと書かれており、家康が家と康が分断されていると因縁をつけたことが原因。		
どう 夏の陣で大阪城は攻め落とされ、豊臣氏は滅亡した。これにより、徳川氏の政権が確立した。		

大阪の陣は大坂の陣と表記してもかまわない。

島原・天草一揆（島原の乱）

なに

いつ

どこ

だれ

なぜ

どう

島原・天草一揆（島原の乱）		
なに 島原・天草地方でおこった、キリスト教徒を中心とする農民の一揆。		

いつ	**どこ**	**だれ**
1637年	島原（長崎県）・天草（熊本県） 原城跡（長崎県）	天草四郎

なぜ

1612年、徳川家康がキリスト教を禁止する禁教令を出した。（1624年、スペイン船の来航を禁止。）キリスト教徒が団結して幕府に反抗することや、スペイン・ポルトガルの宣教師の活動が領土侵略と結びつくことをおそれたために出された。キリスト教徒は迫害され、藩主（松倉勝家）にきびしく年貢を取り立てられた。

どう

キリスト教の禁止を徹底するために、徳川家光は鎖国を完成させる。

鎖国…日本人の外国渡航を禁止し、外国船の来航を制限した政策。

享保の改革

なに

いつ | **どこ** | **だれ**

なぜ

どう

享保の改革

なに

徳川吉宗が行った政治改革。幕府の財政を立て直すため、武士に質素・倹約をすすめ、参勤交代をゆるめるかわりに上げ米の制を定めて米を献上させた。また、新田開発をすすめ、公事方御定書を定めたり目安箱を設置したりするなどの政策を行った。

いつ	**どこ**	**だれ**
1716～1745年		8代将軍徳川吉宗

なぜ

1657年の明暦の大火(振袖火事)と5代将軍徳川綱吉の浪費により、江戸幕府が財政難になったから。

どう

年貢収入が増加して幕府の財政は一時的に立ち直った。しかし、享保のききん(1732年)のため、米価が高騰し、農村では百姓一揆がおこり、江戸では打ちこわしが発生した。

※上げ米の制…大名が参勤交代で江戸にいる期間を短くする代わりに、年貢を確実に納めさせる政策。豊作・凶作に関係なく大名から一定の米を取り立てた(石高1万石につき100石の米を献上させた)

田沼の政治

なに

いつ	どこ	だれ

なぜ

どう

田沼の政治

なに
商工業者が株仲間を結成することを奨励し、営業の独占を許すかわりに税を納させて、幕府の収入を増やそうとした。また、優れた輸出品を作り外国との貿易（長崎貿易）を盛んにしようと輸出を奨励した。

いつ	どこ	だれ
1772年　老中になる 1782年～　天明の飢饉 1783年　浅間山大噴火	新田開発のため、下総（千葉県）にある印旛沼の干拓をこころみたが、利根川の洪水により失敗に終わった。	田沼意次

なぜ
徳川吉宗は、米将軍とよばれ、米に関する政策を主に行ったが、せまい日本ではとれる年貢米にかぎりがあり、天候次第で収入が安定しない。田沼意次は力をつけてきた商人を利用して国内の商業を活発にし、財政再建を目指しそうとした。

どう
公然とわいろを受け取る性格と天明のききん・浅間山噴火（噴煙が日光を遮る）が原因で田沼は失脚。

※株仲間…江戸時代の商人がつくった同業者組合。営業税を幕府に納めるかわりに営業を独占し、大きな利益を得るようになった。

寛政の改革

なに

いつ	どこ	だれ

なぜ

どう

寛政の改革

なに
老中松平定信が行った政治改革。江戸に出稼ぎに来ていた農民を故郷に返したり、ききんに備えて農村に倉をつくらせ米を貯蔵させたり、旗本や御家人の借金を帳消しにしたりした。さらに、寛政異学の禁によって湯島聖堂の学問所で朱子学以外の学問の講義を禁止した。

いつ	どこ	だれ
1787年～1793年		松平定信

なぜ
財政を立て直すため。

どう
厳しすぎて庶民の不満が増大し6年で失敗 田や沼やよごれた御代を改めて清らにすめる白河の水　松平定信（白河藩主）への期待の川柳 白河の清きに魚のすみかねてもとのにごりの田沼恋しき　松平定信への失望の川柳

大塩平八郎の乱

なに

いつ	どこ	だれ

なぜ

どう

大塩平八郎の乱

なに

陽明学者（知行合一を重んじる儒学者）で、もと大阪町奉行所の役人であった大塩平八郎が、門弟ら300人ほどで大商人を襲い、米や金を貧しい人々に分け与えようとした。

いつ	どこ	だれ
1837年	大阪	大塩平八郎

なぜ

天保のききんにより多くの餓死者が出ているにもかかわらず、大阪町奉行所が対策をとらない。奉行所は商人が米を買い占めていることを知っている。

どう

幕府は1日（半日）で鎮圧。幕府はこの事件に衝撃を受け、幕府の力を回復させようとした。天保の改革を始めさせる原因になった。

天保の改革

なに

いつ	どこ	だれ

なぜ

どう

天保の改革

なに
老中水野忠邦が行った政治改革。倹約令を出し、ぜいたくを禁止した。また、物価を引き下げるため、株仲間を解散させるなどし上知令が反対にあい、改革は2年あまりで失敗に終わった。

いつ	どこ	だれ
1841年〜1843年		水野忠邦

なぜ
大塩平八郎の乱に衝撃を受け、幕府の力を回復させようとした。

どう
上知令→大名・旗本の大反発→わずか2年で失敗→幕府衰退

※上知令…大阪・江戸の大名や旗本の領地を没収(し、幕府直轄地に)する政策。

清教徒革命（ピューリタン革命）

なに

いつ

どこ

だれ

なぜ

どう

清教徒革命（ピューリタン革命）		
なに イギリスで起こった市民革命。絶対王政に対し、国民の不満が高まり反乱（クロムウェルをリーダーとする議会軍が国王軍を破る）		
いつ 1642～1649年	**どこ** イギリス	**だれ** チャールズ1世、クロムウェル
なぜ 国王チャールズ1世による絶対王政		
どう 1649年、国王チャールズ1世を処刑（＝清教徒革命）するが、やがて、クロムウェルが独裁政治を行い、クロムウェルの死後、絶対王政が復活する。		

※議会軍の多くが清教徒（カルバンの教えを信じるキリスト教徒）であった
※清教徒＝ピューリタン
※内戦の始まりは1642年

名誉革命

なに

いつ | **どこ** | **だれ**

なぜ

どう

名誉革命		

なに

イギリスで起こった市民革命。清教徒革命の後、王政に戻り、国王ジェームズ2世が専制政治を行ったので、議会は国王ジェームズ2世をフランスに追放し、オランダ出身の国王（ウィリアム3世）を迎えた

いつ	どこ	だれ
1688年	イギリス	ジェームズ2世

なぜ

クロムウェルの死後、絶対王政が復活したから。

どう

議会は国王を退位させて、オランダから新しい国王を迎えた。1689年、権利の章典が出される。この革命は血を流すことなく行われたことから名誉革命（無血革命）とよばれている。

権利の章典→国民の自由と権利を保障（人権＝自由権のめばえ）
議会の同意なく、国王が法律を制定したり廃止したりすることは違法である。（第1条）
議会の同意なく、国宝が税金を課すことはできない。（第4条）

アメリカ独立戦争

なに

いつ	どこ	だれ

なぜ

どう

アメリカ独立戦争		
なに アメリカの13の植民地の人々がワシントン（初代大統領）を総司令官としてイギリスからの独立を目指して起こした戦争。		
いつ 1775年から1783年	**どこ** アメリカ	**だれ** ワシントン
なぜ ①イギリスによる増税　②ボストン茶会事件　③レキシントン・コンコードの戦い（独立戦争最初の戦い）		
どう ①アメリカ独立宣言　②フランスなどの支援もありアメリカの勝利		

独立宣言→すべての人間は平等（※白人のみ）、生命・自由・幸福追求の権利を持つ
ボストン茶会事件→イギリスから安価な茶が入ってくることに反対して、ボストン港に停泊中のイギリス船をおそい、積んであった茶箱をすべて海に投げ捨てた。

フランス革命
なに
いつ	どこ	だれ
なぜ
どう

フランス革命		
なに 絶対王政の廃止、ルイ16世の処刑		
いつ 1789年から1799年	**どこ** フランス（バスティーユ牢獄）	**だれ** ルイ16世、マリー・アントワネット
なぜ ①資金不足による重税（ルイ14世がベルサイユ宮殿をたてる。イギリスとの戦争。ルイ16世の妻アントワネットの出費。）②ルソーやモンテスキューなどの啓蒙思想家の影響。		
どう ①フランス人権宣言　②ルイ16世、マリー・アントワネットの処刑（1793年）　③ナポレオンの登場		

人権宣言→人は生まれながらにして自由・平等の権利を持っている、主権は本来国民のものである
王政に反対する政治犯を捕らえていたバスチーユ牢獄を襲撃したことにより始まる

アヘン戦争

なに

いつ	どこ	だれ

なぜ

どう

アヘン戦争

なに

イギリスと清との間でおこった戦争。清がアヘンの密輸を禁止し、きびしく取りしまったことから、イギリスは清に軍艦を送って各地を攻撃し、戦争が始まった。イギリスは近代的な軍隊で清をやぶり、1842年に南京条約を結んだ。

いつ	どこ	だれ
1840年	清	イギリスvs清

なぜ

三角貿易…イギリスは清から茶を輸入、イギリスはその支払いのためインドで麻薬であるアヘンを栽培して、清へ輸出するというかたちの貿易。清はアヘンを買うことで、財政が悪化した。

どう

①南京条約…敗れた清は、上海などの5港を開くとともに、イギリスに香港をゆずり、多額の賠償金を支払うことなどが取り決められた。　②日本は1825年に外国船打払令を出し、外国船を追い払っていたが、大国の清がイギリスにやぶれたことを知り、打払令を緩和していくようになる。

太平天国の乱

なに

いつ | どこ | だれ

なぜ

どう

太平天国の乱		

なに

1851年に清でおこった反乱。

いつ	どこ	だれ
1851年	清（南京）	洪秀全

なぜ

アヘン戦争のあと、清の農民は重い税に苦しめられていた。清の政治家も頼りにならなかった。
そこで、洪秀全は清をたおし平等な社会をつくろうとして反乱をおこした。

どう

太平天国は14年間続くが、しだいに内部で対立し、弱体化し、1864年、外国人の支援を受けた
清にほろぼされた。

※太平天国…1851年に建国。53年、南京を占領し「天京」と改称し首都としたが、64年に滅亡。

インドの大反乱（セポイの反乱）

なに

いつ	どこ	だれ

なぜ

どう

インドの大反乱（セポイの反乱）

なに

イギリスの支配に対して、インドでおこった反乱。イギリスは2年がかりで鎮圧し、インド全土を領土として支配した。

いつ	どこ	だれ
1857年	インド	イギリスに雇われたインド兵（セポイまたはシパーヒーという）vsインド人

なぜ

産業革命に成功したイギリスはインドに工業製品を大量に輸出し、インドの産業は大きな打撃を与えた。このため、イギリスの東インド会社に雇われていたインド兵を中心に反乱がおこった。

どう

①インドでは16世紀から続いたムガル帝国（1526年〜1858年）は滅びた。　②幕府の外圧緩和に影響。外国に圧力をかけたり、鎖国を続けたりすると、侵略されてしまうと考えるようになる。

※アヘン戦争でもイギリス軍はセポイが主力だった

ペリー来航（黒船来航）

なに

いつ

どこ

だれ

なぜ

どう

ペリー来航（黒船来航）

なに

1853年、アメリカ東インド艦隊司令長官のペリーが4隻の軍艦を率いて浦賀に来航し、日本に開国を要求した。

いつ	どこ	だれ
1853年	浦賀（神奈川県）	ペリー

なぜ

捕鯨や中国との貿易のため、船の燃料や食料を補給する港が必要だった。日本に開国させて貿易をするよう、アメリカ大統領フィルモアからの国書を持ってやってきた。

どう

幕府は、翌年返事をするとして引き取らせた。

日米和親条約

なに

いつ	どこ	だれ

なぜ

どう

日米和親条約

なに 再来日したペリーが横浜で調印した条約。

いつ	どこ	だれ
1854年	7隻の軍艦を率いて神奈川沖に来航	ペリー

なぜ 昨年の返事を聞くために、ペリーはふたたび日本にやってきた。

どう ①アメリカ船に食料と燃料を補給するため、下田（静岡県）と函館（北海道）の2つの港を開港。通商（＝貿易）は認めず。　②その後ほぼ同じ内容の条約がイギリス、ロシア、オランダとの間に締結された。

日米修好通商条約

なに

いつ	どこ	だれ

なぜ

どう

90

日米修好通商条約

なに

1858年、神奈川沖の米艦で日本とアメリカが調印した条約。函館、横浜、長崎、新潟、神戸の5港の開港した（函館はリニューアル、下田は閉鎖）。領事裁判権を認め、関税自主権がないなど、日本に不平等な条約だった。

いつ	どこ	だれ
1858年	神奈川沖の米艦	井伊直弼（江戸幕府大老・彦根藩主）、ハリス（初代アメリカ駐日総領事）

なぜ

日米和親条約により開国はさせたが、貿易はできるようになっていなかったから、ハリスは貿易をすることを認める条約を結ぼうとした。

どう

輸出の急増（生糸や茶や海産物の輸出）で国内流通品が不足→国内の物価が上昇し、幕府（井伊直弼）への不満増大。井伊直弼は天皇の命令を無視して勝手に日米修好通商条約を結んだため、開国派（井伊直弼）VS尊王攘夷派（吉田松陰など）の構図となる。

※関税自主権がない→貿易品にかける関税の率を、日本が自主的に決める権利がない。
※領事裁判権（治外法権）を認める→日本で罪を犯した外国人を、日本の法律で裁けない。

安政の大獄		
なに		
いつ	**どこ**	**だれ**
なぜ		
どう		

安政の大獄		
なに 大老の井伊直弼が、自分の政治に反対する人々を弾圧した事件。		

いつ	**どこ**	**だれ**
1858年（安政5年）〜1859年	吉田松陰・橋本左内は江戸の伝馬町牢屋敷で処刑された。	井伊直弼、吉田松陰、橋本左内

なぜ

自分の政治（朝廷の許可を得ないまま、日米修好通商条約の調印を行った）に反対する者がいたから。

どう

吉田松陰や橋本左内などが処刑された。桜田門外の変の原因となる。

桜田門外の変

なに

いつ	どこ	だれ

なぜ

どう

桜田門外の変		

なに

井伊直弼が暗殺された事件。

いつ	どこ	だれ
1860年	江戸城の桜田門外	井伊直弼

なぜ

安政の大獄によるきびしい弾圧に反発した水戸藩などの浪士たちが、江戸城の桜田門外で井伊直弼を襲撃した。

どう

幕府の最高責任者である大老が暴力で排除された出来事であり、以後、幕府の権威はいちじるしく失墜した。

生麦事件		
なに		
いつ	どこ	だれ
なぜ		
どう		

96

生麦事件		

なに

薩摩藩の藩士が島津久光の行列を横切ったイギリス人を殺傷した事件。

いつ	どこ	だれ
1862年	生麦村（現在の横浜市）	薩摩藩士、イギリス人

なぜ

①行列を横切ることは無礼なことであったから。 ②攘夷運動が最高潮に達していた事情もあった。

どう

①1863年、生麦事件の報復として、イギリス艦隊が薩摩藩を砲撃した。薩摩藩は破れ、賠償金を支払った（薩英戦争）。②薩摩藩は攘夷が不可能なことを知る。これを機に攘夷から倒幕への流れになる。

長州藩外国船砲撃事件

なに

いつ	どこ	だれ

なぜ

どう

長州藩外国船砲撃事件		
なに 長州藩が、下関の海峡を通るアメリカ・フランス・オランダ船を砲撃し、若干の損害を与えた事件。		

いつ	**どこ**	**だれ**
1863年	長州藩（山口県）	長州藩、アメリカ・フランス・オランダ・イギリス

なぜ

14代将軍、徳川家茂が朝廷から攘夷を実行するよう指示を受け、江戸幕府は各藩に対し攘夷を行うよう命令を出した。幕府の指示に従って、命令を実行したのは長州藩だけだった。

どう

1853年から1864年、長州藩は、イギリス、フランス、オランダ、アメリカの4か国の連合艦隊から攻撃を受け、下関砲台が占領された（下関戦争、四国艦隊下関砲撃事件）。攘夷が不可能であることを悟る。→倒幕運動を進める。

薩長同盟

なに

いつ	どこ	だれ

なぜ

どう

薩長同盟		
なに 坂本龍馬らの仲介で、薩摩藩と長州藩との間で結ばれた同盟。		
いつ 1866年	**どこ** 京都府上京区（近衛家の別邸）	**だれ** 西郷隆盛、木戸孝允、坂本龍馬
なぜ 薩摩藩・長州藩ともに外国との闘いに敗れ、攘夷が不可能なことを知った。そこで、薩長両藩は幕府を倒し世界に負けない強い国づくりを進めることを考える。薩摩藩と長州藩は犬猿の仲であったが、長州藩は武器の不足に悩み、薩摩藩は米の不足に悩んでいた。そこで、龍馬は薩摩藩の武器弾薬を買い付けて、長州藩に渡し、長州藩はその見返りとして米を渡すことを提案した。		
どう 両藩が手を結び、倒幕の動きが大きく進展した。		

大政奉還

なに

いつ / どこ / だれ

いつ	どこ	だれ

なぜ

どう

大政奉還		
なに 江戸幕府15代将軍徳川慶喜が政権を朝廷に返上したこと。		
いつ 1867年	**どこ** 徳川慶喜は京都・二条城で40藩の重臣を招集し、大政奉還についての意見を求めた。	**だれ** 徳川慶喜

なぜ
薩長同盟の成立により倒幕の動きが強まったため、慶喜は政権の返上を朝廷に申し出た。江戸時代、徳川将軍は日本の統治者として君臨していたが、形式的には朝廷より将軍に任命され、幕府が政治の大権を天皇から預かっているという形式であった。しかし、大政奉還の時点で慶喜は征夷大将軍職を辞職しておらず、幕府も存続しており、引き続き諸藩への軍事指揮権を有していた。慶喜の狙いはそこにあったと言える。また、大政奉還は倒幕の名目を奪う狙いもあった。

どう
慶喜としては朝廷に政権を返したところで朝廷には政治を仕切る力はないと考え、実質的には幕府に政権が戻ってくると考えた。しかし、新政府は、王政復古の大号令を出し、天皇中心の政治に戻ることや幕府の廃止を宣言した。これは幕府側にとって誤算だった。

※復古…昔の体制・状態に戻ること。

戊辰戦争		
なに		
いつ	どこ	だれ
なぜ		
どう		

戊辰戦争

なに

鳥羽・伏見の戦いから始まった、新政府軍と旧幕府軍の戦い。旧幕府軍は、京都の鳥羽・伏見で薩長を中心とする新政府軍と交戦したが敗れた。

いつ	どこ	だれ
1868年　鳥羽・伏見の戦い〜 1869年　函館五稜郭の戦い	京都の鳥羽・伏見、江戸、会津（福島県）、函館五稜郭	新政府軍（西郷隆盛など）、旧幕府軍（徳川慶喜、勝海舟など）

なぜ

徳川慶喜に対する新政府の処置（王政復古の大号令により、天皇中心の政治を行うと宣言された。慶喜に領地などを返上させた。）などに、旧幕府軍が不満を持ったから。

どう

函館の五稜郭で旧幕府軍が降伏して戦争は終結し、新政府が全国をほぼ統一した。

※五稜郭…北海道函館市にあるヨーロッパ風の星型城塞。
※江戸城無血開城…新政府軍は徳川慶喜を討つために江戸に進軍したが、江戸攻撃においては、勝海舟と西郷隆盛の交渉により、旧幕府軍は戦うことなく江戸城を明け渡した。

明治維新

なに

いつ	どこ	だれ

なぜ

どう

明治維新

なに
江戸幕府を倒し、近代国家を建設しようという新政府の一連の改革。

いつ	どこ	だれ
1868年		主に薩長の出身者

なぜ

鎖国をしていた日本は欧米諸国から大きく遅れていた。このままでは欧米諸国の植民地になってしまうと考え、欧米諸国に追いつくためにさまざまな改革（明治維新）を急速に行った。

どう

明治維新で活躍したのは薩摩・長州・土佐などの一部の藩の出身者だけだった（藩閥政治）。それに不満を持つ人たちの抵抗（自由民権運動・西南戦争など）もあるが、明治新政府は反対する者を抑え込み、強引に藩閥政治を進め、日本は急速に近代国家となった。

岩倉使節団		
なに		
いつ	どこ	だれ
なぜ		
どう		

岩倉使節団

1871〜73年、岩倉具視を全権大使として、欧米に派遣された使節団。大久保利通・伊藤博文・山口尚芳・木戸孝允など明治政府の有力者のほか留学生など、合わせて100人あまりが参加した。イギリス・フランス・ベルギー・オランダ・ドイツ・ロシア・デンマーク・スウェーデン・イタリア・オーストリア・スイス・アメリカの計12カ国を視察した。

いつ	どこ	だれ
1871〜73年	欧米諸国	使節46名、留学生43名（女子留学生5名）、随員18名の計107名。留学生には、津田梅子・中江兆民らが参加。

なぜ

欧米の進んだ政治・社会・産業などの視察　→成功
幕末に結んだ不平等条約改正の交渉　　→失敗

どう

外遊組…欧米と肩を並べるため富国強兵・近代化を最優先事項→文明開化
留守組…士族の不満を解消するために征韓論を唱える→帰国した外遊組が征韓論に反対
※留守組…西郷隆盛、板垣退助、大隈重信、井上馨

※征韓論…明治時代初めごろ主張された、鎖国を続けていた朝鮮に対して、武力で開国させようとする考え。西郷隆盛や板垣退助が主張した。欧米から帰国した岩倉使節団のメンバーが国力増強を優先すべきだと反対したため、西郷隆盛や板垣退助は政府を去った。

西南戦争

なに

いつ	どこ	だれ

なぜ

どう

西南戦争

なに

1877年、鹿児島の士族がおこした反乱。明治政府が行う改革に不満をもった士族たちが、西郷隆盛をもりたてて挙兵したが、徴兵令によりつくられた政府軍に鎮圧された。

いつ	どこ	だれ
1877年	鹿児島	西郷隆盛

なぜ

維新改革により士族が特権（名字・帯刀）を奪われ、藩閥政治に不満を強めたから。

どう

士族からなる西郷軍は、戊辰戦争の経験者も多く、徴兵された農民が中心の政府軍を見下していたが、政府軍の近代的装備の前に破れた。武力では政府に勝てないとわかり、以後は言論による政府批判が中心となる。

※藩閥政治…薩摩・長州・土佐・肥前の出身者による政治

日清戦争

なに

いつ	どこ	だれ

なぜ

どう

日清戦争		

なに

朝鮮の支配をめぐって、日本と清との間で1894年にはじまった戦争。甲午農民戦争をきっかけに、日清両軍が朝鮮へ出兵したことから始まった。

いつ	どこ	だれ
1894年	豊島沖の海戦、黄海の海戦、遼島半島占領	日本vs清

なぜ

甲午農民戦争…1894年に朝鮮でおこった、東学を信仰する団体を中心とした農民の反乱。東学はキリスト教に対抗しようとする宗教で、外国勢力の進出と政府に対する不満から、排日や免税などを求めて蜂起した→朝鮮政府はこれを鎮圧できず清に援軍を要請→日本も朝鮮に出兵→甲午農民戦争はしずまっても日清両軍は撤退せず・・・→1894年、日本が清に宣戦布告し日清戦争がはじまる

どう

1895年、清は降伏し日本の勝利。下関条約が結ばれる。
下関条約の内容
・清は日本に多額の賠償金（2億両）を支払う→八幡製鉄所を建設
・清は日本に遼東半島・台湾などをゆずる

日露戦争

なに

いつ	どこ	だれ

なぜ

どう

日露戦争		
なに 満州・韓国の支配権をめぐって、日本とロシアとの間で1904年に始まった戦争。日本は兵力や物資などが不足し、ロシアは皇帝の政治に対する不満から革命運動がおこり、両国とも戦争続行は困難になったことから、1905年、アメリカの仲立ちでポーツマス条約が結ばれ講和した。		
いつ 1904年	**どこ** 日本は旅順を占領し、奉天会戦で勝利をおさめ、日本海海戦でロシアのバルチック艦隊をやぶった	**だれ** 反戦の動きが高まる→内村鑑三（キリスト教徒）、幸徳秋水（社会主義者）、与謝野晶子（歌人）
なぜ 義和団事件…1899年、扶清滅洋を唱える義和団が中国（北京）で外国人の排斥をめざし運動→列強（日、露、米、英・仏・独・伊・墺）が出兵し鎮圧→この間にロシアは中国東北区（満州）を占領し、日本との緊張を高めた		
どう 1905年、ポーツマス条約アメリカの仲介によってアメリカのポーツマスで結ばれた （内容）①ロシアは日本に南樺太を譲る②ロシアは日本に旅順・大連の租借権をゆずる　※租借…外国の領土を借り受けて、支配すること③ロシアは日本に長春〜旅順の鉄道の利権を譲る→南満州鉄道株式会社④賠償金はもらえず→日比谷焼き打ち事件		

※東郷平八郎…日露戦争で日本の連合艦隊を率い、日本海海戦でロシアのバルチック艦隊を壊滅させた海軍軍人。

辛亥革命

なに

いつ	どこ	だれ

なぜ

どう

辛亥革命

なに
三民主義を唱える孫文が中心となり、清をたおし中華民国が成立した革命

いつ	どこ	だれ
1911年	武昌で武力蜂起がおこる	孫文、袁世凱

なぜ
日清戦争後の清では列強の侵略に対抗する動きが強まる→ふがいない清を倒して新しい国を作ろうとする動きが強まる

どう
1912年、孫文を臨時大総統とする中華民国（首都：南京）が成立 　※孫文はすぐに臨時大総統の地位を袁世凱にゆずる　袁世凱（軍人）は危険人物であるが、軍を握っている。危険と知りつつも袁世凱を味方に引き入れたが、後に孫文と袁世凱は対立する。

三民主義：民族主義…清を倒して漢民族の独立をはかる、民権主義…人民に権利のある民主政治を行う、民生主義…国民生活の安定をはかる

第一次世界大戦		
なに		
いつ	どこ	だれ
なぜ		
どう		

第一次世界大戦

なに

サラエボ事件をきっかけにして始まった戦争。ドイツ・オーストリアなど4ヵ国の同盟国とイギリス・フランス・ロシアなど27ヵ国の連合国との戦争。1918年にドイツが降伏し、1919年にパリのベルサイユで開かれたパリ講和会議で締結されたベルサイユ条約で終結。

いつ	どこ	だれ
1914年〜18年	ヨーロッパ	同盟国vs連合国

なぜ

①三国同盟(ドイツ・イタリア・オーストリア)と三国協商(イギリス・フランス・ロシア)の対立。②サラエボ事件…ヨーロッパの火薬庫と呼ばれていたバルカン半島にあるサラエボ(ボスニアの都)という都市で、オーストリアの皇太子夫妻がセルビア人の成年に暗殺された事件。

どう

日本は日英同盟を理由に中国のドイツの軍事基地のある山東省を占領→日本は中国に二十一か条の要求をつきつける
ベルサイユ条約:ドイツは植民地を失い、多額の賠償金を支払う

ロシア革命

なに

いつ	どこ	だれ

なぜ

どう

ロシア革命

なに

皇帝の専制政治を倒し（皇帝は翌年処刑）、世界最初の社会主義の政府を樹立させた革命

いつ	どこ	だれ
1917年	ロシア	レーニン

なぜ

日露戦争（1904年）や第一次世界大戦（1914年～）による民衆の生活苦

どう

1922年世界で初めての社会主義国家ソビエト社会主義共和国連邦が成立
資本主義諸国の日本・アメリカ・イギリス・フランスは社会主義革命の広がりを恐れ（労働者が団結して支配者を倒すから）、ロシア革命を失敗させようとしてシベリア出兵を行う

※シベリア出兵…（ロシア国内の反革命派を応援するため軍隊を送る。日本はロシア革命が広がることを恐れた。

米騒動		
なに		
いつ	**どこ**	**だれ**
なぜ		
どう		

米騒動

なに

1918年におきた、米の安売りを求める運動。富山県の漁村（魚津市）から始まった運動が全国へ広がった。政府は警察や軍隊を出動させ、3か月かかって米騒動を鎮圧した。

いつ	どこ	だれ
1918年	富山県の漁村から始まり、全国へ広がった	寺内正毅内閣は総辞職

なぜ

日本の米商人がシベリア出兵で米の値段が上がると予想し、米を買い占めた
→米の値段の上昇
→米の安売りを求めて米騒動がおこる

どう

米騒動の責任をとり当時の寺内正毅内閣は総辞職した。

ワシントン会議

なに

いつ | **どこ** | **だれ**

なぜ

どう

ワシントン会議

なに
第一次世界大戦後に行われた国際軍縮会議。

いつ	どこ	だれ
1921〜1922年	ワシントン	アメリカ大統領ハーディングの提唱により、9か国が参加。日本の代表は加藤友三郎ら。

なぜ

日清戦争、日露戦争、第一次世界大戦で日本の実力が証明され、日本は欧米から警戒ていた。また、第一次世界大戦では、日本はヨーロッパに比べて負担が少なく、日本は中国へ勢力を伸ばし、軍備を拡張していっていた。そんな日本を抑えようとする意図があった。

どう

①日本海軍は主力艦の保有量をアメリカ・イギリスの60％までと制限される。②10年間新たに戦艦を作ることを停止する。③日英同盟は破棄される。④山東省を中国に返還（二十一か条の要求もなかったことに）。⑤ワシントン体制というアジア太平洋地域の新秩序ができあがる。

※ワシントン会議後、東郷平八郎が「でも訓練には制限はないでしょ」と言ったとされる。

世界恐慌
なに
いつ	どこ	だれ
なぜ
どう

世界恐慌

なに
1929年、アメリカから始まった世界的な不景気と経済混乱。

いつ	どこ	だれ
1929年（昭和初期）	アメリカニューヨークウォール街の株式取引所	

なぜ

第一次世界大戦中、アメリカは戦争にほとんど参加せず、ヨーロッパに物を売ることができたが、ヨーロッパが戦争から復帰すると、輸出が減少して、物が売れなくなり、不景気になっていった。そんな中、ニューヨーク株式市場で株価が大暴落し、多くの銀行や工場がつぶれ、失業者があふれ、世界経済の中心だったことから、世界中に混乱が広がることとなった。

どう

アメリカはニューディール政策、イギリスやフランスはブロック経済政策、ドイツ・イタリアはファシズムで乗り切ろうとした。日本は、ドイツやイタリアと同じように、植民地を獲得しようと考えた（植民地があれば、植民地から資源や物資や労働力を奪ったり、植民地に製品を売りつけたりして、不景気から脱出できる）。

ロンドン海軍軍縮会議

なに

いつ	どこ	だれ

なぜ

どう

ロンドン海軍軍縮会議

なに

ロンドンで開かれた軍縮会議。1930年、ロンドンで開かれた軍縮会議。補助艦の保有量の比を「米英10、日本6．975」と決めたことで日本の海軍から批判が強まる。

いつ	どこ	だれ
1930年	ロンドン	浜口雄幸

なぜ

①世界恐慌による不景気で、各国とも軍事費削減が迫られていた。 ②ワシントン会議（10年間主力艦の建造中止など）で結んだ条約の有効期限満了が近づいていた。

どう

①ワシントン会議では主力艦の制限を決めたが、ロンドン海軍軍縮会議では小さい軍艦の補助艦の保有量を増やさないことや、主力艦の製造中止を決めた。②一部の軍人などから激しい反発を買い、条約に調印した浜口雄幸首相が狙撃された。こののち軍部が独走・暴走する。

満州事変

なに

いつ

どこ

だれ

なぜ

どう

満州事変		
なに 1931年、満州（中国東北部）にいた日本の関東軍が柳条湖で南満州鉄道（日露戦争後、ロシアから獲得して日本が経営）の線路を爆破（柳条湖事件）し、これをきっかけに軍事行動を開始した出来事。関東軍は爆破を中国軍のしわざとし、満州の全域を占領した。		
いつ 1931年	**どこ** 満州（中国の東北部）の柳条湖	**だれ** 関東軍
なぜ 世界恐慌により日本経済も大打撃→日本の軍部が不景気打開のため満州侵略を主張→満州の柳条湖で関東軍が南満州鉄道の線路を爆破		
どう ①1932年に清朝最後の皇帝溥儀を元首として、満州国を建国。表面的には独立国（国民の自治を名目に建国）だが、実際は日本が政治・軍事・経済の実権をにぎっていた。　②リットン調査団が派遣され、満州事変は日本の侵略行為であると認定された。		

※関東軍…満州に置かれた日本の軍隊。満州事変を引き起こすなど、しだいに政府の方針を無視するようになり、大きな権力をにぎった。

五・一五事件		
なに		
いつ	**どこ**	**だれ**
なぜ		
どう		

五・一五事件

なに

政党政治に不満を持つ海軍の青年将校らが首相官邸や警視庁などをおそい、満州国の承認に反対したとして犬養毅首相を暗殺した事件。

いつ	どこ	だれ
1932年（5月15日）	首相官邸や警視庁	犬養毅、海軍の青年将校ら

なぜ

①世界恐慌に巻き込まれて国民の生活が苦しかった。②政党内閣は弱腰外交。③第一次世界大戦後、軍縮（ロンドン海軍軍縮会議）の気運が高まったことから軍人が肩身の狭い思いをしていた。④国民は政党政治に失望し、満州事変などによって大陸に勢力を広げる軍部に期待するようになった。

どう

①政党政治が終わった。②軍部の発言権がますます強まった。

国際連盟脱退

なに

いつ	どこ	だれ

なぜ

どう

国際連盟脱退		
なに 国際連盟総会が、リットン調査団の報告にもとづいて、満州国を承認せず、日本軍の引き上げを勧告したため、日本は国際連盟を脱退した。		
いつ 1933年	**どこ** (国際連盟の本部がある)スイスのジュネーブ	**だれ** 国際連盟脱退時の日本代表は松岡洋右
なぜ 満州事変や満州国建国は日本の侵略であるとの中国の訴えによって、国際連盟がリットン調査団を派遣した。満州国承認の取り消し(国際連盟が満州国を認めないということ)が、国際連盟総会で可決された。		
どう ①日本は満州の支配を強化する。　②日本は国際的な孤立を深めていく。③日本はドイツと急速に接近していく。		

※松岡洋右…国際連盟脱退時の日本代表。日独伊三国同盟、日ソ中立条約を締結した。

二・二六事件		
なに		
いつ	どこ	だれ
なぜ		
どう		

二・二六事件		
なに 陸軍の青年将校らが首相官邸や警視庁などをおそった事件。		
いつ 1936年（2月26日）	**どこ** 首相官邸や警視庁など	**だれ** 高橋是清など、有力な政治家が殺害された。
なぜ 五・一五事件と同じような社会背景であった。不景気を脱出するために、軍部独裁による新しい国家づくりをおこなおうとした。		
どう ①軍事政権をつくって政治改革をおこなおうとしたが、結局失敗した。②軍部は政治への発言力を強め、議会は無力化した。		

日中戦争

なに

いつ	どこ	だれ

なぜ

どう

日中戦争

なに

1937年に北京郊外の盧溝橋付近で起きた事件（日中両国軍の武力衝突事件）をきっかけに始まった、日本と中国の戦争。満洲国における日本の権益を守り、さらに南下し華北に侵略しようとする日本と、これに抵抗する中国との間で戦いがおきた。

いつ	どこ	だれ
1937年〜	盧溝橋	日本、中国

なぜ

①盧溝橋事件…夜間演習中の日本軍に対して何者かが発砲した事件。　②満州事変後、抗日（日本の侵略に抵抗）を要求する世論が高まり、中国では抗日民族統一戦線がつくられ徹底抗戦する。　③日本の軍は不景気を脱出するために中国大陸に進出しようとしていた。

どう

諸外国（英・米・仏・ソ）が中国を援助したため戦争が長期化・泥沼化
①1938年、政府は国民や物資を戦争のために動員できるようにする国家総動員法を制定
②1940年、政党を解散して大政翼賛会がつくられる

※抗日民族統一戦線…抗日のために結成された中国国民党と中国共産党の協力体制。両党は対立していたが、中国共産党（指導者：毛沢東）がよびかけ、中国国民党（指導者：蒋介石）が応じて結成された。

第二次世界大戦
なに
いつ	どこ	だれ
なぜ
どう

第二次世界大戦

なに

枢軸国（日本・ドイツ・イタリアなど）と連合国（アメリカ、イギリス、フランス、ソ連など）の世界大戦。

いつ	どこ	だれ
1939～1945年	主にヨーロッパ	枢軸国、連合国

なぜ

1939年、ドイツのポーランド侵攻に対してイギリス・フランスがドイツに宣戦布告して始まった。1941年には太平洋戦争がはじまり、戦争は世界中に広がった。

どう

1943年にイタリア、1945年5月にはドイツが降伏してヨーロッパでの戦争は終わり、1945年8月には日本も降伏して、第二次世界大戦は終わった。

太平洋戦争

なに

いつ	どこ	だれ

なぜ

どう

太平洋戦争

なに

アジアでの日本と連合国との戦争。第二次世界大戦の一部。

いつ	どこ	だれ
1941〜1945年	主にアジア	日本、連合国

なぜ

日本軍のイギリス領マレー半島への上陸とハワイの真珠湾への奇襲攻撃で始まった。

どう

日本ははじめ有利に戦いを進めたが、1942年のミッドウェー海戦に敗れてからは後退し、1945年の原子爆弾の投下とソ連の参戦でポツダム宣言を受け入れ、無条件降伏した。

朝鮮戦争

なに

いつ	どこ	だれ

なぜ

どう

朝鮮戦争

なに
朝鮮民主主義人民共和国（北朝鮮）と大韓民国（韓国）の間で起きた戦争。

いつ	どこ	だれ
1950～1953年	朝鮮半島	北朝鮮、韓国

なぜ

韓国併合以降、日本の植民地となっていた朝鮮半島は、1945年の日本の敗戦を機に、北緯38度線を境に、北はソ連、南はアメリカの占領地域となった。1948年、朝鮮半島には、北朝鮮、韓国の二つの国家が誕生したが、冷戦状況下であり、対立は避けられなかった。1950年、北朝鮮が北緯38度線をこえて韓国に侵攻して始まった。

どう

アメリカを中心とする国連軍は韓国を支援し、中国が義勇軍を送るなどして北朝鮮を支援し、戦争は長期化した。1953年、北緯38度線付近を軍事境界線として休戦協定が結ばれた。

※日本への影響…GHQは、日本政府に支持して、治安維持のための警察予備隊（のちの自衛隊）をつくらせる。朝鮮戦争の間にアメリカ軍が日本の基地を使用し、大量の軍需物資を日本に発注したため、日本は好景気（特需景気）をむかえた。こののちの経済の急成長は高度経済成長と呼ばれる。

ベトナム戦争
なに
いつ	どこ	だれ
なぜ
どう

ベトナム戦争

なに

南北にわかれて内戦が続いていたベトナムに、アメリカが介入して始まった戦争。

いつ	どこ	だれ
1960〜1975年	ベトナム	北ベトナム（指導者：ホーチミン）、南ベトナム（アメリカが支援）

なぜ

アメリカは社会主義勢力の北ベトナムが勢力を広げることを侵略であるとして、南ベトナムを支援し、1965年から空爆を行った。

どう

戦争は決着がつかないまま激しくなり、アメリカは1973年に撤退した。1975年に戦争が終わり、1976年に南北ベトナムは統一され、ベトナム社会主義共和国が成立した。

あとがき

　本書は2020年の春に出版予定でした。2019年の春から出版社の方と打ち合わせをし、執筆し、いざ出版というタイミングで、コロナショックの影響を受け、塾の存続の危機に陥りました。塾にとって、３月や４月というのは、塾生が入塾してきてくれる時期です。その時期に入塾がほとんどなくて売り上げが立たず、また、学校が休校になった授業時間を確保するために、夏休みが短縮になったことで夏期講習の売り上げが期待できず、途方に暮れていました。「廃業」の２文字がちらついたこともありました。本書を出版するために貯金していた資金で家賃や経費を支払い、何とかしのぐことだけを考えていたので、出版なんてとても考えられる状況ではありませんでした。

　しかし、国の持続化給付金、特別定額給付金、大津市の小規模事業者応援給付金などの支援のおかげで、危機を脱出することができ、少しずつ休塾していた塾生が戻ってきてくれたり、新しく塾生が入塾してきてくれたりするようになり、例年ほどの売り上げはありませんが、何とか無事にやっていくことができるようになりました。そして、忘れかけていた「本を出版する」という夢の実現に向けて再び動き出すことができるまでになりました。

　国や自治体の支援のおかげで、塾を廃業させなくて済み、夢まで叶えることができました。そこで本書の利益は全額、支援先に寄付させていただきたいと思います。たいした売り上げにはならないかもしれませんが、今回のコロナウイルスのために、大変な思いをされている方のお力になれれば幸いです。

　「明けない夜はない」という言葉に今回私自身随分と勇気づけられました。できることをやっていれ

ば、いつかは好転する状況が訪れるはずです。学生の皆さんは、コロナによる自粛でできないことも多いかもしれませんが、学びを止めないでいただきたいと思います。将来のために、しっかりと学んでおいていただきたいと思います。

　学びや教育にはどんなに社会や環境が変化しようとも「時代を超えて変わらない価値のあるもの（不易）」、「時代や社会の変化とともに変えていく必要があるもの（流行）」があります。大変な状況ではありますが、今一度、学びや教育の意味や価値を考え、この難局を乗り切っていきましょう。

　2019年の冬に「中邨塾」というyoutubeチャンネルを開設しました。本書の出来事・事件の解説動画などもアップしております。動画の編集技術がありませんので話がくどかったり、安物のマイクで声が聞き取りにくかったりしますが、役立ちそうでしたらご活用ください。「中邨塾　大化の改新」などと検索すれば、本書の出来事・事件の解説動画を視聴できます。また、「高校入試対策　歴史講座イントロダクション」、「なぜ勉強しなければいけないのか」という再生リストの動画などもアップしています。

　末筆になりましたが、人生で初めての本を出版するという夢が実現できたのは、長きにわたって温かくサポートしていただいたサンライズ出版株式会社の岩根治美様、本書の試作段階で問題演習を行い、さまざまな意見や感想をくれた大萱学習塾の受験生のみなさんのおかげです。この場を借りて感謝申し上げます。

　　　2020年夏

　　　　　　　　　　　　　　　　　　　　　　　琵琶湖畔にて　　中邨　瑛

参考文献

『中学社会用語集3200　改訂版』旺文社

『中学社会　詳説　用語＆資料集2800』受験研究社

『中学社会科用語をひとつひとつわかりやすく。』Gakken

おすすめの歴史マンガ

『ドラえもんの社会科おもしろ攻略　日本の歴史がわかる①②』小学館

『まんが　歴史にきざまれたできごと　歴史年表大事典』くもん出版

著者略歴

中邨　瑛 (なかむら・あきら)

1982年8月15日滋賀県生まれの滋賀県育ち。
　趣味は将棋、ドライブ、カラオケ、スノーボード、ルービックキューブ、ペットのハムスターと遊ぶこと。
　集団塾講師、個別塾講師を経て、33歳のとき、大萱学習塾を開塾。
　集団塾では一人ひとりのニーズ (もっとハイレベルな内容を学習したい、もっとゆっくりと進めてほしい、理科や社会の進度を中学に合わせてほしい、中3から入塾してきた子に中1・中2の学習内容を丁寧に授業してあげられない、) に応えてあげることができず、個別塾に転職。個別塾では一人ひとりに合ったことをやってあげられるが、金額が高くて、「本当は英語・数学の2教科だけでなく、理科・社会・国語も受講したい」、「できれば講習やテスト対策や受験対策講座ももっと受講したい」、「弟や妹は兄や姉が卒業してからお願いします」「本当はもっと早くから塾に来たかった」などと言われ、安い塾の必要性を痛感。
　2016年3月31日、5教科受講 (月32時間) で月謝9,000円 (税込) という気軽に5教科受講できるリーズナブルな塾を開塾。テナント料を抑えるため、そして、勉強が嫌いで家ではなかなか集中できない生徒が気軽に通えるように、アットホームな雰囲気の民家でやっている学習塾として地域に根ざす。
開塾1年で塾生100名突破。2019年、朝に勉強する学習塾を開塾。4年連続、県立高校全員合格。
　また、昨今、学習塾が乱立し、競争が激化し、多くの学習塾がひとりの塾生さえ手放すまいと「塾生はお客様、塾生は神様」のように扱い、営業力を磨き学力アップよりも売上アップが重要視され、学習塾がレジャー施設化、エンタメ業界化していることに危機を感じ、教育講演活動も行う。2018年10月30日にロイヤルオークホテルで行った講演は伝説となっている。

思考力・記述力を鍛える
中学生歴史出来事問題集
—鳥の目・虫の目で歴史を捉えよう—

2020年8月15日　初版　第1刷発行

著　者　中邨　瑛

発　行　大萱学習塾
　　　　〒500-2144 滋賀県大津市大萱6丁目10-15
　　　　TEL.077-509-7704

発　売　サンライズ出版
　　　　〒522-0004 滋賀県彦根市鳥居本町655-1
　　　　TEL.0749-22-0627　FAX.0749-23-7720

印　刷　サンライズ出版株式会社

学年・学校の異なる塾生が仲良く勉強中

アットホームな雰囲気

塾の夏祭り

高校生と小学生が同じ部屋で勉強することも…

朝特訓中に寝る人はいません

テスト前は学校から直接塾へ